MINISTÈRE DE LA GUERRE.

INSTRUCTION

SUR

L'ADMINISTRATION DES GENDARMES

RÉSERVISTES & TERRITORIAUX

DANS LEURS FOYERS

DU 1er FÉVRIER 1884.

PARIS
11, Place St-André-des-Arts

LIMOGES
Rue Manigne, 18.

IMPRIMERIE LIBRAIRIE ET PAPETERIE

Henri CHARLES-LAVAUZELLE

ÉDITEUR MILITAIRE.

MINISTÈRE DE LA GUERRE

INSTRUCTION

SUR

L'ADMINISTRATION DES GENDARMES

RÉSERVISTES & TERRITORIAUX

DANS LEURS FOYERS

DU Ier FÉVRIER 1884.

Mon cher Général,

Jusqu'ici la gendarmerie a procédé, à l'égard de ses réservistes et territoriaux, d'après les principes généraux contenus dans l'instruction du 28 décembre 1879, qui a réglé l'administration des hommes de tout grade de la réserve et de l'armée territoriale dans leurs foyers.

Cependant, l'organisation spéciale de l'arme comportait des dispositions particulières dont la pratique de chaque jour s'est chargée de démontrer la nécessité, et que j'ai cru utile de résumer sous les titres ci-après :

Hommes inscrits comme réservistes ou territoriaux de la gendarmerie.

Font partie des réservistes ou territoriaux de la gendarmerie selon la classe à laquelle ils appartiennent :

1° Les militaires sortis de l'arme par démission, après y avoir accompli plus d'un an de service et qui ont reçu un certificat de bonne conduite n° 1 (Circulaire du 18 août 1875) ;

2° Les militaires retraités proportionnellement, quand ils ne sont pas dégagés de toute obligation de service militaire et qu'ils ont obtenu, d'ailleurs, un certificat de bonne conduite n° 1 (en Algérie, quand ils n'ont pas dépassé l'âge de 50 ans).

Les commissions de ces hommes leur sont retirées et sont conservées au chef-lieu du corps d'armée où ils ont fixé leur domicile, par les soins du chef de légion du chef-lieu.

Ceux d'entre eux qui seraient gradés peuvent être employés dans leurs grades.

Hommes qui ne sont pas inscrits comme réservistes ou territoriaux de la gendarmerie.

Ne font pas partie des réservistes ou territoriaux de la gendarmerie :

1° Les militaires qui ont quitté l'arme avant d'y avoir accompli un an de service et n'ont obtenu, par suite, qu'un certificat de bonne conduite du modèle général ;

2° Les militaires qui n'ont servi dans la gendarmerie que comme élèves-gendarmes ou élèves-gardes ;

3° Les militaires démissionnaires avec certificat de bonne conduite n° 2 ;

4° Les militaires retraités proportionnellement avec certificat de bonne conduite n° 2 ;

5° Les militaires réformés pour infirmités, du service de la gendarmerie par décision ministérielle (sur l'avis d'une commission de réforme) ;

6° Ceux réformés pour inaptitude ou inconduite.

Les commissions de ces hommes leur sont retirées et sont renvoyées au Ministre pour être classées à leur dossier.

Tous les militaires compris dans ces dernières catégories sont affectés à un corps de troupe au titre de la réserve de l'armée active, de l'armée territoriale ou de sa réserve, selon la classe à laquelle ils appartiennent.

Toutefois, les hommes réformés du service de la gendamerie pouvant, dans certains cas, être utilisés pour le service de l'armée, ceux dont il est fait mention au paragraphe numéroté 5° sont traduits devant une commission de réforme qui statue définitivement sur leur aptitude au service militaire.

Quant aux gendarmes faisant partie de la réserve de l'armée active ou de l'armée territoriale, ils ne sont présentés qu'une fois à l'examen de la commission, qui prononce définitivement, s'il y a lieu, la réforme.

Avis de cette décision est immédiatement adressé au Ministre par le chef de légion du cheflieu de corps d'armée.

Affectation.

Pour l'affectation aux corps de troupe et par application du principe posé plus loin, les chefs de légion adressent, non pas au commandant du recrutement d'origine (tirage au sort), comme cela a lieu pour l'armée en général, mais au commandant du recrutement de la subdivision dans laquelle l'homme se retire, avec un état d'affectation conforme au modèle n° 2 annexé au présent chapitre, les pièces dont le détail suit :

1° Le livret individuel et son cahier annexe qui contient les ordres de route ;

2° Un extrait de la matricule, sur lequel il est fait mention du numéro du certificat de bonne conduite obtenu (le titre de ce certificat est remis immédiatement au titulaire) ;

3° Le relevé des punitions ;

4° La plaque d'identité.

Pour l'affectation des réservistes provenant de l'armée de mer, les commandants de recrutement se concertent avec les officiers du commissariat chargés, dans les cinq circonscriptions maritimes, de l'administration des réserves.

Rôle des réservistes et territoriaux de la gendarmerie.

Les réservistes et territoriaux de la gendarmerie ont une même fonction : ils remplacent dans les brigades les gendarmes, brigadiers et sous-officiers qui ont été détachés aux prévôtés des armées. Ils rejoignent directement le poste d'affectation, où ils reçoivent les armes et les effets compris dans le lot individuel constitué pour eux. Aucun d'eux n'est monté.

En cas d'excédant, ils sont groupés au chef-lieu du corps d'armée et y forment des forces supplétives.

En Algérie, aucune vacance ne devant se produire dans les brigades, qui ne concourent pas à la formation des prévôtés (dépêche du 15 février 1876), la convocation a lieu au chef-lieu des divisions, où sont constitués les approvisionnements nécessaires.

Pour les manœuvres ou exercices, ils sont réunis, à l'intérieur, au chef-lieu des compagnies, où ils restent employés (lettre collective du 16 juin 1883).

Contrôles.

Il est tenu dans chaque brigade, arrondissement, compagnie, un état conforme au modèle n° 1 annexé à ce chapitre, des réservistes et territoriaux de l'arme domiciliés dans ces différentes circonscriptions.

Cet état, constamment mis à jour des mutations, est résumé par les chefs de légion (*bis* ou *ter*) dans un état d'ensemble qu'ils communiquent annuellement au chef de légion en résidence au chef-lieu du corps d'armée, pour servir à l'établissement d'un contrôle central de région, même modèle que le modèle n° 1.

Le gendarme de la réserve de l'armée active a pour numéro matricule du corps le numéro du contrôle central de la région précédé d'un zéro.

Dans l'armée territoriale, le numéro à ce contrôle (sans l'adjonction du zéro) constitue le numéro matricule.

Dans le gouvernement de Paris, les états, établis par compagnie, sont réunis par le chef de la légion de Paris, qui dresse un tableau particulier à chaque corps d'armée et le fait parvenir à son collègue de la région intéressée.

Les états d'ensemble doivent parvenir, chaque année, au chef de légion du chef-lieu du corps d'armée du 1er au 5 avril.

Ce contrôle est divisé en trois parties (réserve de l'armée active, — armée territoriale, — réserve de l'armée territoriale).

Il est fait mention, audit contrôle, en regard du nom de chaque homme, de l'affectation que celui-ci doit recevoir en cas de mobilisation. (Lettre collective du 16 juin 1883.)

Pour les hommes qui sont domiciliés dans une ville d'une certaine importance, on ne doit pas se borner à porter, dans la colonne réservée à cet effet, le nom de la ville, mais l'adresse exacte de l'intéressé, avec l'indication de la rue et du numéro.

Chaque contrôle, adressé au Ministre au moment de l'inspection générale annuelle, doit être accompagné d'un état numérique, par grade et par catégories, des militaires qui figurent à ce contrôle.

Principe pour l'administration des réservistes et territoriaux de la gendamerie.

En raison de la durée des services accomplis par la plupart des militaires de la gendarmerie au moment où ils quittent l'armée, la déclaration de domicile qu'ils font au départ peut être acceptée comme définitive et il ne paraît pas y avoir lieu, comme pour les jeunes soldats des corps de troupe, de créer pour eux la fiction du domicile au lieu d'origine pendant les six premiers mois. Cette fiction entraîne, d'ailleurs, pour la gendarmerie, des complications ou tout au moins des ajournements dans les opérations relatives aux commandes d'effets et à la constitution des approvisionnements, qu'il m'a paru utile de supprimer.

Les militaires classés comme réservistes ou territoriaux de la gendarmerie seront donc administrés, dès leur sortie de l'arme, par les bureaux de recrutement de la subdivision de région dans laquelle il auront fixé leur domicile, que cette subdivision soit ou non leur subdivision d'origine (tirage au sort).

Passages dans la réserve et dans l'armée territoriale.

En conséquence du principe qui vient d'être posé, lorsqu'un militaire de la gendarmerie susceptible d'être classé, au titre de cette arme, dans la réserve de l'armée active, dans l'armée territoriale ou sa réserve, vient à être rayé des contrôles par démission ou retraite, le chef de légion adresse au commandant du bureau de recrutement de la subdivision dans laquelle l'homme a fait élection de domicile les pièces qui concernent cet homme (livret individuel, commission, extrait de la matricule (1), relevé de punitions, plaque

____

(1) La gendarmerie n'a pas de livret matricule, ni pour la troupe, ni pour les officiers. Il n'en est pas

d'identité) et un **état** d'affectation conforme au modèle n° 2 annexé au présent chapitre. — Le bordereau qui accompagne les pièces lui est renvoyé par le commandant de recrutement après visa.

Après avoir porté sur son registre matricule ou sa liste matricule, selon le cas, les mentions nécessaires, le commandant du recrutement transmet, à son tour, l'état d'affectation qu'il a reçu du chef de la légion dans laquelle servait l'homme au chef de légion placé au chef-lieu du corps d'armée. Il y joint les autres pièces moins le livret individuel.

Ce dernier chef de légion inscrit le réserviste ou territorial à la catégorie à laquelle il appartient sur le contrôle qu'il tient pour la région, et retourne au commandant du recrutement l'état complété par l'indication du numéro que prend l'homme à ce contrôle, qui tient lieu de répertoire, de la compagnie et de la résidence à laquelle il a affecté l'homme.

Sur ces indications, le commandant du recrutement termine son immatriculation, porte l'homme au contrôle spécial de recrutement, inscrit dans le corps du livret l'affectation qui lui a été donnée, et remplit l'ordre de route et la feuille spéciale. — Si l'homme a fixé son domicile en dehors de la circonscription d'origine, le commandant de recrutement *avise son collègue détenteur du registre matricule.*

établi non plus pour ses réservistes (la feuille matricule suffit). Les punitions subies par l'homme, comme réserviste, sont inscrites sur le folio fourni par le chef de la légion dont il faisait partie.

Pour les anciens gendarmes provenant des corps de la marine ou des équipages de la flotte, le ministre de la Guerre avise son collègue de la Marine, à qui il appartient de prescrire leur placement dans la réserve.

Procès-verbal de remise du livret.

Les livrets ne sont jamais remis aux titulaires sans que cette remise soit constatée par un procès-verbal conforme au modèle n° 16 de la présente instruction. Il sera fait renvoi de ce procès-verbal au commandant du recrutement aussitôt après la remise du livret.

Récépissé de livret.

Un récépissé est remis au militaire auquel on retire momentanément son livret. Ce récépissé, qui mentionne l'affectation donnée à l'homme et le point sur lequel il doit se rendre en cas d'appel pour les manœuvres ou de mobilisation, lui tient lieu de livret.

Bordereaux de transmission des pièces.

Les pièces des hommes que se communiquent les chefs de légion et les commandants de recrutement sont toujours accompagnées d'un bordereau, renvoyé après visa et tenant lieu d'accusé de réception.

Changements de domicile.

Si un réserviste ou territorial change de domicile dans la région où il est fixé, il ne reçoit pas de nouvelle affectation, à moins qu'il ne change, en même temps, de département.

Il en est autrement s'il passe d'une région dans une autre.

Dans ce cas, on opère ainsi qu'il est prescrit au chapitre X pour les changements de domicile.

Le commandant de recrutement du nouveau domicile, informé par la gendarmerie, donne avis à son collègue de l'ancien domicile. Ce dernier porte la mutation à la connaissance du chef de légion du chef-lieu afin que l'homme soit rayé du contrôle. Il fait parvenir au commandant du recrutement de la subdivision du nouveau domicile toutes les pièces qu'il a réclamées au chef de légion du chef-lieu de région (extrait de la matricule, relevé de punitions, plaque d'identité et commission).

Si le commandant de recrutement de l'ancien domicile ne reçoit pas, dans le délai d'un mois, l'avis individuel de son collègue du nouveau domicile, il le prie de prendre des renseignements auprès de la gendarmerie et fait opérer, de son côté, des recherches par la brigade de l'ancien domicile.

L'homme ainsi recherché conserve son affectation et demeure disciplinairement et judiciairement responsable de son infraction aux obligations imposées par la loi. Les peines disciplinaires que le commandant de recrutement ou l'autorité militaire serait dans le cas d'ordonner, aux termes du décret du 16 mars 1878, seront toujours notifiées au chef de légion intéressé.

En cas de mobilisation, le commandant du bureau de recrutement de la subdivision du nouveau domicile affecterait d'office, à l'aide du livret individuel, tout homme inscrit à son registre spécial et dont il n'aurait pas encore reçu les pièces.

En principe, toutes les prescriptions du titre X de la présente instruction, relatives aux changements de résidence ou de domicile, sont applicables aux anciens militaires de la gendarmerie classés, au titre de l'arme, dans la réserve ou l'armée territoriale.

Les commandants de recrutement subdivisionnaires sont informés de tous les changements accomplis par les réservistes et territoriaux de la gendarmerie domiciliés ou en résidence dans leur subdivision de région, au moyen d'un extrait du carnet à souche (modèle n° 23). Ils portent, à leur tour, ces changements à la connaissance des chefs de légion chargés de la tenue du contrôle central au chef-lieu du corps d'armée. Ils informent le commandant du recrutement détenteur du registre matricule. Les chefs de légion avisent les commandants subdivisionnaires du recrutement du domicile des changements d'affectation qu'ils seraient dans le cas d'ordonner.

Changements de résidence.

Les hommes qui changent de résidence sans changer de domicile restent affectés à leur première destination.

Résidence prolongée.

Le fait d'une résidence prolongée au delà d'une année dans une localité autre que celle du domicile peut donner lieu à une affectation nouvelle, l'homme qui se trouve dans ce cas étant considéré, *au point de vue de cette affectation*, comme ayant changé de domicile.

Dispositions particulières au Gouvernement de Paris.

Quand les hommes se retirent, en quittant la gendarmerie, dans les départements de la Seine ou de Seine-et-Oise, les chefs des légions d'où ils viennent adressent à M. le Gouverneur de Paris, avec l'état nominatif d'affectation (modèle n° 2) mentionnant l'adresse probable, les pièces (livret individuel, commission, extrait de la matricule, relevé de punitions, plaque d'identité) qui les concernent.

Le gouverneur prononce immédiatement l'affectation de ceux qui semblent devoir se fixer d'une façon définitive et durable dans le gouvernement et leur fait remettre, dans les quinze jours qui suivent la déclaration à la gendarmerie, un bulletin de notification sur lequel est indiqué le point où ils auront à se rendre en cas de mobilisation, soit pour être formés en détachements, soit pour être mis en route isolément.

L'affectation a lieu de la manière suivante :

Après avoir donné à la légion de Paris le contingent qui lui revient, M. le Gouverneur de Paris répartit sur les différentes légions (2°, 3°, 4° et 5°) faisant partie des corps d'armée qui ont des secteurs dans les départements de la Seine et de Seine-et-Oise, les ressources qui lui restent, en attribuant les hommes domiciliés dans un secteur à la légion du corps d'armée auquel le secteur appartient. — A cet effet, il adresse aux commandants des bureaux de recrutement correspondant aux secteurs du domicile les pièces des intéressés, et ces officiers supérieurs procèdent, d'accord avec les chefs de légion, à l'affectation des hommes, au moyen de l'état nominatif n° 2, et de la manière indiquée plus haut. Le commandant du recrutement d'origine (tirage au sort) est informé de la mutation effectuée.

Toutefois, les anciens gendarmes originaires du recrutement de la Seine sont toujours repris et administrés par le bureau annexe auquel ils appartiennent par leur tirage au sort quand, en quittant le service, ils rentrent dans ce département, lors même qu'ils fixent leur domicile dans un secteur non compris dans la circonscription de leur bureau de recrutement d'origine.

Par suite, les pièces de ces gendarmes doivent toujours être envoyées aux bureaux annexes du tirage au sort.

Un état mensuel établi par chacun des quatre commandants de recrutement de la Seine et par celui de Seine-et-Oise fera connaître aux chefs de légion intéressés les mutations affectant la position de ceux de leurs réservistes ou territoriaux qui résident dans le gouvernement de Paris.

Changements de logement.

A Paris et dans les grands centres, les réservistes et territoriaux de la gendarmerie sont astreints à donner avis à la gendarmerie de leurs changements de logements.

Hommes fixés hors de France.

Les hommes inscrits au registre matricule sont

tenus, aux termes des article 35 de la loi du 27 juillet 1872 et 3 de la loi du 18 novembre 1875, de faire connaître, dans leur déclaration au maire de la commune où ils résident, le lieu où ils vont s'établir et, dès qu'ils y sont arrivés, d'en prévenir l'agent consulaire de France. Copie de cette déclaration est envoyée au Ministre, qui la fait parvenir à l'autorité compétente.

Ces hommes restent inscrits au registre matricule et au contrôle de la région où ils avaient leur domicile. Mention seulement est faite, sur ces deux registres, du lieu où ils se sont fixés.

En cas de mobilisation, ils doivent rejoindre la compagnie à laquelle ils ont été affectés.

Il convient d'ailleurs de ne pas perdre de vue les prescriptions qui font l'objet des articles 189 à 194 de la présente instruction.

Hommes fixés aux colonies.

Des instructions ont été données, le 11 septembre 1877, par le Ministre de la marine aux autorités coloniales pour que les hommes fixés aux colonies soient tenus d'effectuer, devant l'autorité militaire locale, une déclaration analogue à celle que font les hommes fixés à l'étranger.

Le recrutement d'origine est informé par un avis de mutation. Les pièces des hommes ne sont adressées que lorsque ceux-ci viennent à quitter les colonies pour rentrer en France. Elles sont envoyées, dans ce cas, au commandant de recrutement de la subdivision où le réserviste a fixé son domicile. Jusque là, elles sont conservées par l'autorité militaire qui a reçu la déclaration.

Les hommes fixés aux colonies ne reçoivent pas d'affectation en France.

Gendarmes coloniaux rentrant en France en quittant le service.

Les gendarmes coloniaux rentrant en France en quittant le service sont traités comme les gendarmes de l'intérieur, sous le rapport de l'affectation. Leurs pièces sont adressées, dans tous les cas, au commandant de recrutement du lieu où ils ont déclaré vouloir fixer leur domicile.

Réservistes ou territoriaux réadmis dans l'arme.

Quand un homme classé, au titre de la gendarmerie, dans la réserve ou dans l'armée territoriale est réadmis dans l'arme, il se présente deux cas :
Ou il a fixé son domicile dans la région ;
Ou il y est seulement en résidence.
Dans le premier cas, le chef de légion qui reçoit l'avis de la nomination de cet homme le raye de son contrôle et prévient le commandant du recrutement de la subdivision du domicile qui informe, à son tour, son collègue du registre matricule.
Dans le second cas, le chef de légion s'assure, en consultant le livret, du dernier domicile du réserviste ou territorial et donne avis de la mutation au commandant de recrutement intéressé, qui prévient le chef de la légion d'affectation et, s'il y a lieu, son collègue du registre matricule.

Non-disponibles.

Tous les hommes de la réserve ou de l'armée

territoriale faisant partie des catégories énumérées aux tableaux A et B du chapitre XV de la présente instruction sont considérés comme non-disponibles. Ils sont rayés des contrôles tenus par les chefs de légion et restent seulement inscrits au registre matricule de recrutement du lieu d'origine où leur situation est annotée, et sur les contrôles de la non-disponibilité. Leurs pièces sont adressées au bureau administrateur.

Tout homme qui perd ses droits à la position de non-disponible doit remettre, dans les quatre jours, au commandant de la gendarmerie, le certificat d'inscription au contrôle de la non-disponibilité; ce dernier le transmet immédiatement à l'officier de recrutement qui l'a délivré et inscrit toujours, au bas de cette pièce, le nouveau domicile de l'homme, qui est réaffecté dans les conditions indiquées.

Radiation pour inconduite. — Réforme. — Cassation.

Les chefs de légion qui tiennent le contrôle des réservistes et territoriaux signalent au Ministre, d'après les avis qui leur sont transmis, les hommes qui auraient encouru des condamnations ou qui ne seraient plus dignes, par leur conduite, de figurer parmi les réservistes ou territoriaux de la gendarmerie.

La radiation opérée, sur l'ordre du Ministre, ces hommes sont remis à la disposition du commandant du bureau de recrutement du domicile qui procède à leur affectation à un corps de troupe et en informe son collègue du registre matricule.

Recherche des hommes en position irrégulière.

Les gendarmes, devant profiter de toutes les occasions pour réclamer aux hommes âgés de 20 à 40 ans et originaires d'autres lieux le titre ou livret qu'aux termes de l'article 5 de la loi du 18 novembre 1875 ils sont tenus de présenter à l'autorité militaire, signaleront au commandant de recrutement subdivisionnaire les hommes appartenant à la réserve ou à l'armée territoriale de la gendarmerie qui se trouveraient dans une position irrégulière.

Les chefs de brigade n'omettent pas de donner avis des décès, dont ils sont toujours informés par les maires.

Rappel pour une période d'instruction ou en cas de mobilisation.

La convocation a lieu au moyen d'affiches ou de publications sur la voie publique, conformément à la loi du 19 mars 1875.

En cas de mobilisation, l'appel des réservistes et territoriaux de la gendarmerie aura lieu, partout ailleurs que dans le gouvernement de Paris, au moyen d'ordres individuels. Dans ce gouvernement, les réservistes et territoriaux obéiront exceptionnellement à l'appel en vertu de l'ordre de route annexé à leur livret. Ils devront se trouver, le deuxième jour de la mobilisation, à la gare qui leur a été indiquée, dès 7 heures du matin, s'ils sont affectés aux légions des 2º, 3º, 4º et 5º corps d'armée. Quant à ceux affectés à la légion de Paris, ils rejoindront à la caserne des

Minimes, rue de Béarn, le deuxième jour de la mobilisation, à midi.

Insoumis.

Les dispositions comprises sous le titre XIV de l'instruction du 28 décembre 1879 sont applicables aux réservistes et territoriaux de la gendarmerie.

Frais de route.

Pour les hommes domiciliés en dehors du département où ils doivent être employés, le décompte des indemnités est réglé d'après les barèmes contenus dans la présente instruction ; les autres, qui rejoignent généralement à la brigade de leur arrondissement, sont payés, à leur arrivée, par les soins du trésorier de la compagnie à laquelle ils sont affectés.

Officiers.

Le cadre des officiers territoriaux de gendarmerie de remplacement, dont l'organisation a été prévue par la lettre collective du 16 juin 1883, est constitué au moyen de nominations faites :

D'office :

1° Parmi les officiers retraités depuis moins de 5 ans, provenant de l'arme, par application de la loi du 22 juin 1878 ;

Sur leur demande :

2° Parmi les officiers démissionnaires et provenant de l'arme, encore astreints au service militaire, soit dans l'armée active, soit dans l'armée territoriale ;

3º Parmi les officiers démissionnaires provenant de l'arme, qui ne sont plus astreints au service militaire ;

4º Parmi les officiers retraités et provenant de l'arme antérieurement à la loi du 22 juin 1878 ;

5º Parmi les officiers retraités et provenant de l'arme, par application de la loi du 22 juin 1878 depuis plus de 5 ans.

Les officiers de cadre sont destinés à remplacer, dans leurs résidences respectives, les officiers de chaque région mobilisés pour le service des prévôtés.

Leur état est réglé par le décret du 31 août 1878.

Ils sont nommés au choix par décret du Président de la République, sur la proposition du Ministre de la guerre. Ils reçoivent des lettres de service établies par le Ministre et sont inscrits en tête du contrôle tenu par les soins du chef de légion en résidence au chef-lieu du corps d'armée. Ils prennent rang entre eux sur l'annuaire dans les conditions fixées par la circulaire du 31 janvier 1879. L'indication de la destination qu'ils doivent recevoir est portée seulement au moment de la mobilisation.

Les officiers sont employés dans le grade qu'ils occupaient au moment où ils ont quitté l'arme ; en raison du nombre restreint de ceux retraités comme lieutenants ou sous-lieutenants, les officiers de ce grade affectés aux prévôtés peuvent être remplacés par des capitaines.

Inscription sur les contrôles.

Les officiers de gendarmerie retraités dans les

conditions de la loi du 22 juin 1878 sont inscrits sur les contrôles tenus au Ministère de la guerre (bureau de l'arme) et à l'état-major général de la région où ils sont domiciliés et à celui du corps d'armée au chef-lieu duquel ils doivent se rendre pour recevoir une affectation définitive en cas de mobilisation.

S'ils sont reconnus aptes à rendre encore d'utiles services, ils peuvent être conservés sur leur demande au delà de la période obligatoire de cinq années fixée par la loi, jusqu'à ce qu'ils aient atteint la limite d'âge déterminée par l'article 56 de la loi du 13 mars 1875. Dans ce cas, ils continuent à figurer sur les contrôles et, en regard de leur nom, on met la mention « *maintenu sur sa demande* ». Il est bien entendu que les officiers qui servent dans ces conditions peuvent offrir leur démission.

Les autres officiers sont rayés des contrôles à l'expiration de leur cinquième année. Dans tous les cas, le Ministre doit être très exactement informé de la radiation ou du maintien des officiers du cadre territorial.

Convocations pour les exercices.

Les officiers de gendarmerie territoriale affectés au service des étapes ou à celui des remontes sont convoqués pour des exercices dans les mêmes conditions que les autres officiers de l'armée. Quant à ceux qui font partie du cadre de remplacement, ils répondent, lors des appels, à des convocations spéciales du Ministre.

Demandes.

Toutes les demandes qu'ils pourraient avoir à adresser au Ministre sont transmises par l'intermédiaire de l'autorité militaire dont ils relèvent.

Changements de domicile et de résidence. — Voyages à l'étranger.

Dans ces diverses circonstances, les officiers de gendarmerie se conforment aux prescriptions rappelées au chapitre XVI.

Non disponibles.

Les officiers qui viendraient à être pourvus de fonctions civiles susceptibles de les faire classer dans la position de non-disponibles doivent en informer, sans retard, l'autorité militaire dont ils dépendent.

Ces officiers sont placés hors cadres jusqu'au jour où ils cessent leurs fonctions.

Remonte, solde, tenue.

En cas d'appel, ils sont remontés gratuitement en chevaux de réquisition. Par modification aux dispositions contenues dans la lettre collective du 16 juin 1883 et par application d'une mesure générale, les effets de harnachement de cheval de selle (troupe) qui doivent leur être fournis ne leur seront délivrés qu'à charge de remboursement opéré par retenue sur l'indemnité d'entrée en campagne. Ce remboursement sera assuré par les soins du conseil d'administration de la compagnie qui fera verser au Trésor les sommes recouvrées pour faire retour au budget de la remonte.

Les officiers de gendarmerie sont traités, au point de vue de la solde, conformément aux dispositions de l'Instruction du 12 février 1878 sur l'administration des corps de troupe de l'armée territoriale (art. 93).

Ils ont la tenue de service des officiers de gendarmerie en activité avec les signes distinctifs adoptés pour l'armée territoriale (boutonnière avec bouton au collet, mentionnée à l'article 252 de la description des effets d'habillement du 15 mars 1879).

Inspection.

Les officiers sont inspectés, au moment des opérations du conseil de révision, par l'officier général ou supérieur qui assiste aux opérations dudit conseil dans le canton où l'officier a son domicile habituel.

Ils sont tenus de se rendre en uniforme, au jour indiqué pour cette revue, au chef-lieu de canton (art. 42 et 43 de la loi du 27 juillet 1872).

S'ils sont absents au moment de cette revue, ils sont tenus de se présenter, à leur retour, devant le général commandant leur subdivision de région, pour être inspectés.

La même disposition est applicable à ceux qui voyagent à l'étranger ou qui ont obtenu une dispense pour assister à la revue.

Notes.

Chaque année, le Ministre adresse, pour être remises aux officiers généraux ou supérieurs chargés de procéder à l'inspection, des feuilles de revue individuelles du modèle spécial à la gendarmerie.

Situations périodiques.

Afin de tenir le ministre au courant des mutations survenues dans le personnel des officiers de gendarmerie territoriale, les officiers d'état-major chargés du service territorial au corps d'armée ont soin, conformément aux prescriptions du chapitre XX, article 315, de fournir trimestriellement, en temps ordinaire, et mensuellement, en cas de mobilisation, un état nominatif de situation ou des mutations survenues parmi les officiers. Cet état est adressé au bureau de l'arme.

GENDARMERIE MARITIME.

La gendarmerie maritime n'a pas de réservistes.

Les hommes qui quittent ce corps avant l'âge de 40 ans sont réintégrés dans les anciennes armes auxquelles ils appartenaient avant leur admission dans la gendarmerie maritime.

MODÈLES.

Le contrôle central est établi en deux expéditions : l'une est conservée par le chef de légion du chef-lieu de la région, l'autre est adressée au Ministre. Il est conforme au présent modèle et doit conserver les mêmes dimensions que celui dont l établissement a été prescrit par la circulaire du 18 août 1875. Il est cartonné et est divisé en trois parties séparées par une feuille de titre et correspondant aux trois catégories de réservistes : réserve de l'armée active, — armée territoriale, — réserve de l'armée territoriale. Dans la 3° partie, les colonnes 11, 12, 13 et 14 ne sont pas remplies.

ETAT des réservistes et territoriaux domiciliés dans le canton, l'arrondissement ou le département. N° 1.

NUMÉRO D'INSCRIPTION au contrôle spécial.	NOMS et prénoms.	GRADES.	RÉSERVISTES.	TERRITORIAUX.	DÉSIGNATION du domicile et de la résidence de l'homme. (Faire précéder chaque indication des lettres D ou R, suivant le cas.)	SUBDIVISION DANS LAQUELLE l'homme a tiré au sort.	CLASSE de recrutement et de mobilisation.		N° au registre matricule du recrutement.	AFFECTATION.		MUTATIONS	OBSERVATIONS.
							Recrutement.	Mobilisation.		Compagnie.	Résidence.		
1	2	3	4	5	6	7	8	9	10	11	12	13	14
	A			le		18 .							

Le Chef de brig de,
ou : Le Commandant d'arrondissement,
ou : Le Chef d'escadron command. la compagnie,

ÉTAT NOMINATIF pour servir à l'affectation du dénommé ci-dessus inscrit au registre matricule ou à la liste matricule du bureau de recrutement de   et qui   (détail de la mutation).

PARTIE A REMPLIR														
PAR LA LÉGION DANS LAQUELLE SERVAIT L'HOMME.								PAR LE BUREAU de recrutement.			PAR LA LÉGION D'AFFECTATION.			
Bureau de recrutement du tirage au sort.					Lieu où l'homme fixe son domicile.							Indication		
Subdivision dans laquelle l'homme a tiré au sort.	Classe de recrutement.	N° au registre matricule du recrutement.	NOMS et PRÉNOMS.	Grades.	Titre sous lequel sert l'homme.	Commune.	Canton.	Numéro à la liste matricule.	Classe de mobilisation.	Numéro au contrôle spécial du recrutement.	Numéro au contrôle central de la région.	de la compagnie.	de la résidence.	OBSERVATIONS.
1	2	3	4	5	6	7	8	9	10	11	12	13	14	15

A   le   18   .   A   le   13   .   A   le   18   ,

Le Chef de la légion où servait l'homme,   Le Commandant du bureau de recrutement,   Le Chef de la Légion d'affectation,

N° 2

anciens, par Marcel POULLIN. Brochure in-32 de 144 pages.

Code-manuel des réquisitions militaires, textes officiels, annotés et mis à jour à l'aide des documents publiés jusqu'au 1er juillet 1883, par de L., licencié en droit et l'intendant militaire A. T. 3 volumes in-32.

Tome Ier. — Exposé de principes. — Texte de la loi du 3 juillet 1877 et du règlement du 2 août 1877, avec notes et commentaires ; brochure in-32 de 112 pages.

Tome II. — Recensement et réquisition des chevaux et voitures ; brochure in-32 de 96 pages.

Tome III. — Guide pratique des diverses Autorités et Commissions pour l'application de la loi du 3 juillet 1877. — Formules et modèles ; brochure in-32 de 96 pages.

Conditions civile et politique des militaires (Recueil complet des lois, décrets, ordonnances, instructions, décisions et dispositions diverses actuellement en vigueur et relatives aux) — 2 vol. in-32 de 128 pages.

Recueil complet avec notes et commentaires des lois, décrets, circulaires, décisions et instructions ministérielles en vigueur, établissant les droits des sous-officiers en matière de rengagement et mariage, retraite et admissions aux emplois civils. — 1 vol. in-32 de 140 pages.

Résumé des dispositions législatives et administratives concernant les sous-officiers rengagés et commissionnés. Brochure in-32 de 112 pages.

Guide du sous-officier et du caporal d'infanterie sur la place d'exercice, en terrain varié et sur le champ de bataille. Manuel rédigé en vue de répondre aux questions ci-après des programmes annexés à la circulaire du 3 seprembre 1882, savoir : 1° Principes de discipline et d'éducation morale ; — 2° École des guides à l'école de compagnie et à l'école de bataillon ; — 3° Fonctions des caporaux dans la colonne de route ;

— 4° Place et fonctions des caporaux et sous-officiers dans les revues et défilés ; — 5° Rôle et devoirs des caporaux et des officiers dans le combat en ordre dispersé (2° partie de l'école de compagnie). — 1 volume in-18 de 128 pages (2ᵉ édition).

Cours de topographie, à l'usage des officiers et sous-officiers de toutes armes (armée active, réserve, armée territoriale), ouvrage rédigé conformément aux programmes officiels du 30 septembre 1874, par A. LAPLAICHE, commissaire de surveillance administrative des chemins de fer, attaché au contrôle de l'exploitation des chemins de fer de Paris à Lyon et à la Méditerranée, professeur de la Société de topographie de France, membre de la Société française de physique, de la Société nationale de topographie pratique, etc., professeur de l'Université. — 2 volumes in-32 :
Le 1ᵉʳ de 120 pages, orné de 140 figures ;
Le 2ᵉ de 128 pages, orné de 66 figures.

Les outils du pionnier d'infanterie, d'après l'instruction ministérielle du 8 août 1880, complétée et rectifiée à l'aide des documents officiels les plus récents sur le port, le chargement, l'entretien et l'emploi des outils. — 25 figures intercalées dans le texte. — 1 vol. in-32 de 84 pages.

Les cartouches et le caisson d'infanterie, suivis d'une instruction pour le ravitaillement des munitions sur le champ de bataille, avec figures dans le texte. — 1 volume in-32 de 100 pages.

Les travaux de campagne, guide théorique et pratique du pionnier d'infanterie, d'après les cours professés à l'Ecole des travaux de campagne et les ouvrages les plus autorisés publiés à l'étranger ; 2 volumes ;
Tome 1, partie théorique, vol. in-32 de 140 pages, orné de 63 gravures.
Tome 2, partie purement pratique (*en préparation*)

Manuel d'instruction militaire, à l'usage des
Ecoles, par un officier général, officier d'Aca-
démie ; volume in-32 de 160 pages, orné de 27
gravures.

Historique du 62ᵉ de ligne, rédigé d'après les
ordres du colonel PRÉVOT, commandant le régiment, par une Commission composée de : MM.
LACOMBE, chef de bataillon, président ; RAYNAUD,
capitaine ; GUÉRIN, capitaine ; DU FRESNEL, capitaine, secrétaire ; GAILLARD, sous-lieutenant,
brochure in-32 de 96 pages.

M. Henri CHARLES-LAVAUZELLE se met à la disposition de tous les chefs de corps pour publier
l'historique de leur régiment dans la série de la
Petite Bibliothèque de l'Armée française.

**Chants militaires, chansons de route et re-
frains du bivouac**, par le capitaine DU FRES-
NEL, du 62ᵉ de ligne. — 1 vol. in-32 de 56 pages.

LA COLLECTION COMPRENDRA 300 VOLUMES

MODE DE SOUSCRIPTION. — Chaque volume de la
Petite Bibliothèque de l'Armée française, ne coûtant
que 0,30 (0,35 *franco* par la poste), il importe au plus
haut point d'éviter des frais supplémentaires de correspondance.

On peut y souscrire en adressant à l'Editeur une
liste des ouvrages choisis ou une demande de 20, 30,
40 volumes (à expédier au fur et à mesure qu'ils
paraîtront), accompagnée du mandat postal repré-
sentant leur prix à raison de 0,35 centimes l'un.

MM. les Officiers désireux de venir en aide à notre
Comité d'étude et de rédaction sont priés de nous
faire connaître le sujet qu'ils sont décidés à traiter,
aussitôt que leur choix sera définitivement arrêté.

Les manuscrits écrits lisiblement, et au RECTO SEU-
LEMENT, *devront être adressés à l'Editeur comme papiers
d'affaires recommandés.*

Paris et Limoges, imp. militaire Henri CHARLES-LAVAUZELLE.

LE
MONITEUR DE LA GENDARMERIE
JOURNAL NON POLITIQUE
Créé spécialement pour la défense des intérêts de l'arme.

PARAISSANT LE DIMANCHE

PARIS, place Saint-André-des-Arts, 11.
Henri CHARLES-LAVAUZELLE, Propriétaire-Gérant.

Les abonnements sont pris pour un an et commencent le premier jour de chaque trimestre; ils coûtent :

France, Corse et Algérie......... 6 fr. 50
Colonies et Etranger............ 8 fr.

On s'abonne sans frais à tous les Bureaux de poste.

Les innombrables lettres de félicitations que je reçois de toutes parts me donnent l'assurance que cette feuille est devenue indispensable aujourd'hui dans la Gendarmerie.

La rédaction continuera à combattre les abus intérieurs, à soutenir les intérêts de l'arme et à maintenir dans les brigades ce bel esprit de discipline et de dévouement qui a toujours fait l'honneur de la Gendarmerie française.

Les résultats acquis me donnent l'espoir que nous arriverons tous ensemble, en nous groupant, à obtenir du pays ce que le temps et la négligence ont fait perdre à un corps qui devrait être le premier et qui est au contraire le dernier servi dans l'armée.

Il est important que les abonnements collectifs soient au nom des brigades, afin d'éviter des changements d'adresse.

Il est répondu sommairement, à la petite Correspondance, à toutes les demandes de renseignements *signées et accompagnées d'une bande du Journal.*

Les communications et manuscrits sont détruits.